कही अनकही!

बातें| यादें| स्याही से कलम तक|

Priyanka Singh "Pia"

BookLeaf Publishing

India | USA | UK

Made with ❤ on the BookLeaf Publishing Platform
www.bookleafpub.in
www.bookleafpub.com

Dedication

And this One is for you, each one of you who has inspired me to feel, write and pen down my thoughts.

To my maternal grandfather, whose library was one of its kind.
To my parents for letting me be who and what I chose to be.
To all my siblings & friends who were a great critic and a fan.
To everyone I ever met and learnt a bit of me.
To my soul, too.

Preface

Where do I begin writing about this?
What do I say about all these poems which
have my heart and soul in them? A bit in each one
of them.
They all, in some way, reflect about my life at
various stages, which made me who I am today,
Where I am Happy, content and where I belong.
My poems are written in Hindi majorly,
having my love and biasness for the language and
also partly due to my roots back in a small town in
Uttar Pradesh where I loved and lived my
childhood. My parents continue to live in Uttar
Pradesh; in a city though now, which is calm and
chaotic at the same time.

I Hope that you love reading the poems as
much as I loved writing them. Will await the
feedback, sould you have on IG ID:
piavi_kahiankahi

सोचती हूँ, मैं कहाँ से शुरू करूँ?
सोचती हूँ, इन सब कविताओं के बारे में कैसे बताऊँ, जिनमे मेरे
जज़्बात छिपे है।

ये सभी कवितायेँ मेरे जीवन का एक महत्त्वपूर्ण हिस्सा हिस्सा
हैं, जिनके सहारे से और जिनकी वजह से आज मैं यहाँ हूँ । जहाँ मुझे
होना चाहिए, जहाँ मैं खुश हूँ।

मेरी काफी कवितायेँ हिंदी में लिखी हुई हैं जो मेरे हिंदी प्रेम को
दर्शाता है और मेरी बचपन की भावनाओं, जड़ों और मूल से जुड़ा
हुआ है। मैं उत्तर प्रदेश के एक छोटे से कसबे में पली बढ़ी हूँ और इस
बात पर काफी हद तक गर्व करती हूँ। मेरे वालिदेन (अभिवावक/
पेरेंट्स) अभी भी उत्तर प्रदेश के एक छोटे शहर में रहते हैं, जहाँ शाँत
वातावरण और शोर दोनों एक साथ पाए जाते हैं।

मैं उम्मीद और आशा करती हूँ की ये कवितायेँ आपको पढ़ कर
अच्छी लगें और आपकी यादों और बातों में रहें। मुझे आपके
प्रतिक्रिया (फीडबैक) का इंतज़ार रहेगा – IG ID:
piavi_kahiankahi

Acknowledgements

Thanks to those who stood by me
Thanks to the time that was; and yet to come
Thanks to the friends as family and family as Fun,
Hope, Hugs, Laughs, Strength and Bliss
Thanks to the son I have, to whom I Kiss and who
has taught me everyday to be a better human.

I am Grateful for
Everything I have,
That the Lord has bestowed upon me;
And The Power of Universe which Always Believes
in Me.

धन्यवाद उन लोगों का, जो मेरे साथ खड़े रहे
धन्यवाद उस समय का, जो बीत गया और जो आने वाला है

शुक्रिया, उन सब दोस्तों का, जो मेरे लिए परिवार सामान हैं और मेरा परिवार जो हँसी, ख़ुशी, ग़म में मेरी ताकत हैं। शुक्रिया, मेरे नन्हे बेटे का जो मासूम और नटखट भी है, और हर दिन मुझे कुछ बेहतर इन्सान बनाता है।

मैं उन सभी चीजों के लिए आभारी हूं जो मेरे पास हैं,
जो भगवान ने मुझे दी हैं;
और आभारी हूँ, ब्रह्मांड की उस शक्ति पर जो हमेशा मुझ पर विश्वास करती है।

1. तुम! क़िताब या कहानी?

तुम हो जो एक क़िताब से

तुम हो जो एक क़िताब से
तुम हो जो एक क़िताब से,
क़िताब अभी, आधी पढ़ी
आधी बाक़ी है,
ख़यालों की जो ये लड़ी है

तुम्हारा मुस्कुराना ऐसे,
जैसे, चंचल वो नदी नहीं
ठहरी हुई एक झील हो
जैसे, मीठा थोड़ा शहद हो,
और नमक जैसा नमकीन हो

आँखें तुम्हारी,
कभी कुछ कहतीं, कभी छुपातीं
कभी अपने को ही खोजतीं
ख़ुद में ही एक क़िस्सा हैं
मेरी-तुम्हारी कहानी का हिस्सा हैं

ये बातें तुम्हारी
कभी गहरी
कभी सुलझी हुई
ना जाने कहाँ से लाते हो
इतना सब्र
वो सुकून
जो चंद मिनटों में मुझे भी दे जाते हो |

तुम हो एक कहानी जैसे

तुम हो एक कहानी जैसे
एक लंबी, और अनोखी कहानी
कभी आधी पढ़ी, कभी बग़ैर पढ़ी कहानी
जो हर पन्ने में कुछ कह जाए
और आधी बात लंबे गहन के बाद मन में ठहर जाए
वो हर एक पन्ना, एक परत की तरह मैं पढ़ती हूँ
संजो के उस दिन की कहानी
एक धागे में पिरो लेती हूँ

तुम हो एक कहानी जैसे
ज़रा समझ के समझने वाली कहानी
कभी मंत्रमुग्ध कर देती, कभी झिंझोड़ देने वाली कहानी

तुम्हारी कहानी का हर एक क़िस्सा याद है मुझे
तुम्हारी कहानी के हर एक पात्र को जानती हूँ मैं
कभी जवाब देने में देर लगे तो समझ जाना
तुम्हारी ही कहानी पढ़ रही हूँ,
संजो के उस दिन की कहानी
एक धागे में पिरो रही हूँ।

क़िताब या कहानी?
कैसे हो तुम?
कौन हो तुम?

2. नारी हूँ मैं|

मैं रूप हूँ, कुरूप हूँ, स्वरूप हूँ,
नाम हूँ, अनाम हूँ, सर्व शक्तिमान हूँ,
एक हूँ, अनेक हूँ, हथेली पे रेत हूँ
नारी हूँ मैं;

दुख भी हूँ, सुखी भी मैं,
उदास हूँ पर सशक्त मैं,
नदी भी मैं, उफान भी,
पृथ्वी भी मैं, आसमान भी,
नारी हूँ मैं;

सहज भी मैं, शांत भी मैं,
मुश्किलों में चट्टान भी मैं,
वर्षा हूँ मैं, आस्था भी,
श्रधा हूँ और भक्ति भी,
आरज़ू भी मैं और चाहत भी मैं,
नारी हूँ मैं;

अपूर्ण भी मैं, संपूर्ण भी मैं,
राग भी मैं, मल्हार भी मैं,

बादल को चीरती तेज़ हवा भी मैं,
संगिनी भी मैं, कर्तव्य भी मैं,
साथ देने वाली पतंग भी मैं,
नारी हूँ मैं,

निर्धन हूँ मैं, धनी भी मैं,
प्रेयसी हूँ, अतृप्त नहीं,
दूर हूँ, समीप हूँ,
साँझ भी हूँ और धूप भी,
मिट्टी हूँ पर धूल नहीं,
आँखों का कोई खेल नहीं,
नारी हूँ मैं;

सैनिक हूँ मैं और शासक भी,
सजग हूँ, कमज़ोर नहीं,
समर्पित हूँ, लाचार नहीं,
कठिन हूँ, ज्ञानी भी हूँ,
किसी के सुर की वाणी नहीं,

सचेत हूँ, तैयार हूँ,
अडिग हूँ, झुकी नहीं,
रोक रहे पर रुकी नहीं,
विष भी मैं, विषम भी मैं,
इस धरती से उत्पन्न भी मैं,
फूल भी मैं, काँटे भी मैं,
मैं दुनिया से नहीं, दुनिया मुझसे,

तू मेरा है और अगली पीढ़ी भी मुझसे,
इंसान की पहचान भी मैं,
तुम्हारे इस समाज आइना भी मैं,
नारी हूँ मैं।।।

A heartfelt thanks to all the incredible **Women** in my life for being so wonderful, powerful, and charismatic.

क़िताब के पन्ने

मेरी क़िताब के वो पन्ने ला दीजिए
जो अम्मी से छुपकर लिखे थे
आँखों के कोने से उन्हें आते देख
जल्द ही फाड़ भी दिए थे

उन पन्नों में हमारा बचपन छिपा है
कोई अधूरा ख़्वाब भी तो होगा उनमें
जब पहली दफ़ा काग़ज़ पर अपने जज़्बात बिखेरे थे
ग़ुस्से में तमतमातीं अम्मी ने जब झिंझोड़ा था हमें
कहतीं की "उम्र नहीं हुई तुम्हारी शायरी से मोहब्बत करने की
अपने दायरे में रहें और इम्तहान की तैयारी करें"
हम भी कहाँ मानने वालों में से थे
उन पन्नों को फाड़ने से पहले ही ज़बानी याद कर चुके थे
और अधूरे गाने के आख़िरी अल्फ़ाज़ ज़हन में उतार चुके थे

उन पन्नों में हमारे राज़ छिपे हैं
जब लड़कपन में हम इश्क़ कर चुके थे
जब पड़ोसी के अमरूद के पेड़ से फल चुरा लिया करते थे
जब शाम में खेलते खेलते पानी की बड़ी टंकी पे चढ़ जाते थे

एक रोज़ तो हमने क़माल कर दिया
ऊपर से लेकर नीचे तक धूल से भरे घर पहुँचें थे
अम्मी ने हमारे भाई को हमसे ज़्यादा लताड़ा था; "वो छोटी है, ख़्याल
तो तुम्हें देना चाहिए था",
ये कह कर भी हम दोनो को थप्पड़ रसीद किया था
पर अम्मी कहाँ मानने वाली थीं, ख़ुद ही चाँटा मारके रोआँसी हो लेती
थीं
उस रात भी ख़ूब तबियत से हमें नहला कर तसल्ली से खाना खिलाया
था
ऐसी हज़ार बातें उन पन्नों में छिपी थीं
जो हमने ज़बानी याद कर ली थीं

मेरी क़िताब के वो पन्ने ला दीजिए
जो अम्मी से छुपकर लिखे थे
वो पन्ने आज अम्मी को पढ़ाएँगे
बनावटी ही सही, इस बहाने
अम्मी की ऊँची आवाज़ सुन पाएँगे
वो लम्हा तो गुज़र गया
मग़र बीता वक़्त याद करके अम्मी के साथ
शाम की चाय पे कहकहे लगाएँगे ।

(Memory Of a lifetime when my Mom caught me writing
Urdu shayari when I was 16)

4. नीम का पेड़ और कॉफ़ी |

वो ठंडी हवाएं
वो सर्दी की सुबह;
जिस सुबह सूरज ना निकला हो वैसे,
जैसे एक दिन पहले बरसात हुई हो वैसे,
और वो नीम के पेड़ के नीचे पड़ी दो ख़ाली कुर्सियाँ,
जैसे वो पुराना घना हरा पेड़ और वो अनकम्फर्टेबल कुर्सियाँ हमारा ही
इंतज़ार कर रही हों

काफ़ी अरसा हुआ किसी को इंतज़ार कराए
मैं ही देरी से पहुचीं, बस 5 मिनट
उसमें ही शिक़वे शिकायतों का सिलसिला
और उस सब के बीच तुम्हारी हँसी
बेवजह
बेफ़िक्र
बेबाक़

उसी हँसी के पीछे के जज़्बात
बिना बोले वो अल्फ़ाज़
और दो कप गरमा गर्म कॉफ़ी

पीते हुए हम
नोक झोंक की वजह ढूँढती मैं
और मुझे उकसाते तुम
और वो नीम के पेड़ के नीचे पड़ी दो कुर्सियों पे हम,

नहीं मालूम, क्यों करते हो परेशान
नहीं मालूम, क्यों होते हो ख़ुश
मुझे यूँ उदास करके

तो मैंने भी कर लिया है तय
कि, बातें होंगी अब सिर्फ़
कहानियों के ज़रिए
ना मैं कुछ कहूँगी
ना तुम कुछ सुन पाओगे

बस अगली बार उस नीम के पेड़ के नीचे,
होंगें कॉफ़ी, हम और वो दो कुर्सियाँ
और मेरी तीखी ख़ामोशी
और तुम्हारी वो शरारती हँसी ।

5. "Being me"

Its tough.
Its hard.
It pains.
It troubles.
Its not easy.

"Being me"

To feel what i feel
To see things, i dont wanna see

To put my child to questions,
I am not ready to answer, just yet.

To travel to the past,
Even if its for a moment

I dont wanna be the person,
I used to be; Quiet and Sceptical

I like what I am, now
Decisive and Strong

And yet I stumble and fall
And wait for that right call
I have been trying to avoid
Or I am trying to make

I like what I am, now
Assertive and Firm

Knowing what I want
Knowing what can work
Knowing it will all be great
Tomorrow
Or the day after that
Or the day after that
Or the day after that

I am hopeful to see
That Beautiful Day,
Bringing happiness and peace along its way.

6. मेरी गली

कभी आना तुम इस गली
जब छत पे मैं हूँ खड़ी
अपनी फटफटिया को हौले हौले रोक
पार्क की दीवार से सटा खड़े रहना इंतज़ार में

घर से जब बाज़ार जाएँ माँ-बाबूजी
तपाक से आना अंदर घण्टी बजाकर
तब टकटकी लगाए
मैं दरवाज़े को निहारूँगी और तुम मुझे

जब पलकें थक के सोने को हो जाएँ
और आँखों के कोने से पानी ख़ुशी बनके बह जाए
थपकी दे सुलाना मुझे
बालों में उंगलियां घुमा विश्वास दिलाना मुझे

"आज तो पूरे आठ घंटे सोओगी तुम"

ऐसा कह कर कमरे से निकल ना जाना तुम

जब हक़ीक़त और सपने का अंतर ना पता चल पाए

जब धड़कनों का शोर भी ना सुन पाए
जब सिर्फ़ ख़ोमोशी की आवाज़ आए

तब जाना तुम
उस पार

तब मैं सिर्फ़ सन्नाटे को सुनूँगी
आधी नींद में मेरे गालों को छू
बस इतना कहना

"अम्मा बाबूजी को बाज़ार ज़रा जल्दी भेजना, मुझे कल भी जो तुम्हें
है सुलाना" |

7. क्यूँ ?

मैं ऐसा क्यूँ नहीं कर पा रही
मैं कुछ ऐसा क्यों नहीं कर रही
जो दिल में हैं जज़्बात
क्यूँ नहीं उन्हें बयाँ कर पा रही

क्या रहा है रोक मुझे
क्या रहा है रोक मुझे
कोई नहीं, जो मुझे टोके

जानती हूँ मैं, मैं बेहतर हूँ
जानती हूँ मैं, मैं बेहतर हूँ
किसी और से नहीं
बस ख़ुद से लड़ रही

ना जाने क्यूँ ये क़दम जाते हैं रुक
ना जाने क्यूँ ये क़दम जाते हैं रुक
मैं ऐसा क्यूँ नहीं कर पा रही
मैं कुछ ऐसा क्यों नहीं कर रही

जानती हूँ मैं, पसंद है मुझे

जानती हूँ मैं, पसंद है मुझे
की कोई मुझे भी सुने
मैं जब कहूँ अपनी बात,
तो ज़बान से ज्यादा, दुनिया मेरा लहज़ा ही पढ़े
इस बहाने कोई एक ही सही; अपना मन ज़रूर टटोले
इस बहाने कोई एक ही सही; अपना मन ज़रूर टटोले

जानती हूँ, बेपरवाह हूँ मैं
जानती हूँ, बेपरवाह हूँ मैं
नहीं मतलब, की परवाह नहीं
नहीं मतलब, प्यार और सत्कार की इक्छुक नहीं

मैं ऐसा क्यूँ नहीं कर पा रही
मैं कुछ ऐसा क्यों नहीं कर रही
जो दिल में हैं जज़्बात
क्यूँ नहीं उन्हें बयाँ कर पा रही।

एक बार कोशिश तो कर के देखो
ये उतना भी मुश्किल काम नहीं
ऐसा ख़ुद को समझाती हूँ
और फिर रोज़ मर्रा की भाग दौड़ में खो जाती हूँ
और फिर रोज़ मर्रा की भाग दौड़ में खो जाती हूँ ।

And Then i Pick myself Up for the next one...

8. When I close my eyes!

When I close my eyes
I look for you
As I deep down sigh
I keep thinking' of you

What'ver I say,
I mean them out and about
About the times and the tides;
As it turns from dawn to the night
My hands look for yours to hide,
As I deep down sigh
I keep missin' all of you

And I don't find you beside;
Those mornings by my side
Still feeling happy & alive
I call with passion n gust
To have you as my pride
And "Be Ye Light" guide
And, my darling,

As I deep down sigh
I need the whole of you
For the whole of me
For the lifetime I may have
For the lifetime I deserve.

९. मुखौटा

मुखौटा

छोटे काले बालों में जैल लगाके
आँखों में काजल की जगह लाइनर लगाके
होठों पे हल्की सी गुलाबी लिपस्टिक लगा
एक हल्की झूठी स्माइल के साथ
मैंने सुनहरा मुखौटा ओढ़ लिया.

नौ से छह दफ़्तर में वो मुखौटा मस्त काम करेगा
उस मुखौटे के एक तरफ़ हँसी होगी
आपसी बातचीत होगी
काम होगा
और थोड़ा बॉस की वजह से तनातनी भी

कौन जाने मुखौटे के दूसरी तरफ़
कितने आँसू, कितने दर्द और
भला कौन सी मुस्कराहट???

मग़र बहुत काम का है ये मुखोटा
एक कमज़ोर इंसान को भी ताक़तवर बना देता है

दिखावे के साथ साथ
लड़ने की हिम्मत भी देता है

कोई और कैसे जाने शाम छह के बाद वो मुखौटा क्या रंग दिखाता है
कभी बच्चे की ख़ुशी के लिए पहनो वो सुनहरा मुखोटा
तो कभी घरवालों से दर्द छुपाने
अनेकों दफ़ा समाज के लिए
तो समझे बड़े बाबू, बड़े काम का है सुनहरा मुखोटा

किसी को अविश्वास नहीं होने देता,
सिर्फ़ मरम्मत माँगता है
वो बालों में जैल और आँखों में काजल वाला
बस आपको एक अच्छा कलाकार होने की ज़रूरत है
न जाने मेरा मुखौटा कब उतर पाए
अरे, कोई है अपना जो मेरे आँसू पोंछ पाए।

10. माँ कहती थीं

माँ कहती थीं "थोड़ा धीमे बोलो",
लड़कियाँ तेज़ बोलती अच्छी नहीं लगतीं
मग़र हमारी जुबान कैंची सी तेज़
हम कहाँ सुनने वालों में से थे

टीचर बोलीं "पढ़ाई पे ध्यान लगाओ और आगे वाली पंक्ति में बैठो,
तुम्हारे बाबूजी ने कहा है"
मग़र स्कूल में कहाँ हम सुनते
पहली बार छोटे से स्कूल में दसवी में
लाइब्रेरी का बहाना करके क्लास बंक की थी
कितना डर था तब भी
की अम्मा बाबूजी को ना पता चल जाए

पड़ोस वाली सक्सेना आंटी को कहते सुना
"इसकी स्कर्ट थोड़ी लम्बी करो, ज़रा छोटी है"
मग़र हम तो बाग़ी थे
अगले दिन से भाई के शॉर्ट्स पहन
साइकल से कॉलोनी के बेवज़ह चक्कर लगाने लगे

ये तो थी बचपन की बात

नौकरी में गए तो ताने और तीखी टिप्पणियाँ तब भी ख़त्म ना हुईं
गाड़ी के कारख़ाने में शाप फ़्लोर पे लड़की कैसे काम करेगी
कौन ही सुनेगा इसकी
ऐसा बहुतों ने सुना था

मग़र हम भी कम ना थे
रोज़ ही काम के अनुसार भिड़ जाते थे
तुनक मिज़ाज नहीं, निश्चय के कारण
झाँसी की रानी नाम हो गया था
अब कौन समझाए लड़कियाँ तेज़ ना बोलें
तो कोई उनकी आवाज़ भी ना सुने
अब कौन समझाए लड़कियाँ तेज़ ना बोलें
तो कोई उनकी आवाज़ भी ना सुने

अगली नौकरी में गए तो वहाँ औरत ही दुश्मन
कभी कपड़ों पे तो कभी काम में कमी निकालने लगे
कुछ ने तो कहा "ये तीन लड़कियाँ हाथ से निकल जाएँगी"
हमें और हमारी दोस्तों को लगा की हम १६ के हैं, इसलिए हमारी
फ़िक्र है
मग़र अब तक तो हम पक चुके थे
तेज़ आवाज़ और छोटी स्कर्ट के आदि हो चुके थे
उन्होंने कहा
हमने कहा,
उन्होंने कहा
और हमने सुनना ही छोड़ दिया
और तबसे अब तक
और तबसे अब तक

कई साल बीते
कई ख़्याल बीते
पर हम आज भी कम नहीं हैं
अपनी माँ की बात के अलावा
किसी और के क़ायल नहीं हैं
किसी और के क़ायल नहीं हैं |

11. The Seven SINS

Those had the luxuries and the villas
They're looking those from their hill as
When will they be standin equal to this breed
And that's my LORD, is the first sin Greed

Those who couldn't control their desires
Those hearts n the minds always be on fires
One day, they'll all turn to dust
Yearn for this, it's the second sin Lust

Those that walked in guile
Had a heap of anger in a pile
And had taken the blood bath
O' my child, it's the third sin Wrath

Those who had Obnoxious and unpleasant
Those who like to gourmand
This will be their's biggest agony
Since, that's the forth bad sin Gluttony

Those who let them being overpowered
Nothing they had but only show showered
It will be the worse of all the many
Sure as hell, that is the fifth sin Envy

The chariots, the army and the castle
It will fade away so soon, my son, in a hassle
Ghastly is the crime, not it be applied
Forgive those O Lord, who dared to posess sixth sin
Pride

Those are worse of the worst
That never move an inch & only rest
Beyond death, those can't seek their cloth
Grim and frightful, that's the seventh sin Sloth

The sins or not,
They make us humans and forget not.
Be the Person you want to be

12. डिप्रेशन!

डिप्रेशन! एक अनजान आहट या ख़ामोश दस्तक???

ये दबे पाओं आता है,
हौले से, हल्के से तुम्हारे पास
बिना आहट, बिना दस्तक
बग़ैर इजाज़त और बिना माँगे ही सरक आता है

ये डिप्रेशन है जनाब
ये दबे पाओं आता है

कभी एक कान के पीछे
चुपचाप आके फुसफुसा देता है,
कभी दिमाग़ में बैठ कर अपनों को दूर कर देता है
आँखें भी ना देख पाएँ ऐसा खोखला उजाला कर देता है
और कभी तो घनघोर अंधेरा भी काटने दौड़ता है,

ये डिप्रेशन है जनाब
ये दबे पाओं आता है

तुम अकेले हो जाओ, इसकी यही एक मंशा है

किसी से कुछ कह भी ना पाओ, इसके लिए बढ़िया है,
साथ हों दोस्त हज़ार या कोई बड़ा परिवार
उनको गले ना लगाने देता बस मन के अंदर घुटने देता,

ये डिप्रेशन है जनाब
ये दबे पाओं आता है

कुछ कह ना पाओ इसके साथ
कुछ सुन ना पाओ इसकी वजह
अपनी ही सतह मिटती चली जाए
और तुम गुमनामी में खो जाओ

ये डिप्रेशन है जनाब
ये दबे पाओं आता है
और अपने साथ तुम्हारी
हिम्मत, मोहब्बत, ताक़त
सपने और "अपने" सब ले जाता है |

(When You feel depressed; talk to someone you like, Take a Walk, Eat what you like, Do what makes you happy, and there's always help along the way, there's always a hand which will hold you tight. It will all be fine.)

13. You be mine :)

Love or luck
Its difficult to say

Who am I
Crazy or Nay'

You mean half the world to me
You could wonder why
You could wonder how
You can wonder what

Something's going right
Or without a fight

I would think it could go far
You'd know me as a north star
And time would turn
And clocks would hold
Seasons would change
And it'll get cold

I be you
You be mine
In the end,
It will all
Yet, Just turn Fine!

14. तुम नहीं हो,

तुम नहीं हो, नहीं हो
ऐसा बस मैं कहती नहीं
महसूस करती हूँ

क्यूँकि, अगर तुम होते तो,
अकेलेपन का एहसास ना होता

क्यूँकि, अगर तुम होते तो,
एक हाथ साथ होता

क्यूँकि, अगर तुम होते तो,
मैं थोड़ा रो लेती

क्यूँकि, अगर तुम होते तो,
बिस्तर पे सलवटें होतीं

क्यूँकि, अगर तुम होते तो,
मेरी हँसी बेबाक़ होती

क्यूँकि, अगर तुम होते तो,

कमाई की चिंता कम होती

क्यूँकि, अगर तुम होते तो,
कभी मैं दफ़्तर से छुट्टी ले पाती

क्यूँकि, अगर तुम होते तो,
छोटा, थोड़ा दौड़-भाग कर लेता

क्यूँकि, अगर तुम होते तो,
वो ज़रा कम अनुशासित होता

क्यूँकि, अगर तुम होते तो,
मैं भी आराम कर पाती
मैं भी चैन की साँस ले पाती
मैं भी बस यूँ ही बह जाती

क्यूँकि, अगर तुम होते तो,
बेटा मेरा, थोड़ा ही सही, तुम्हारा भी होता|

15. बोरियत

अजी, अब बोरियत भला कहाँ होती है
अजी, अब बोरियत भला कहाँ होती है
हर समय हाथ में मोबाइल फ़ोन जो होता है
कभी व्हाट्सऐप तो कभी फ़ेस्बुक
इसी में वक़्त यूँ ही गुज़र जाता है
जब मन किया तो कोई नया गेम डाउनलोड कर लिया
नहीं जँचा तो बेझिझक मिटा दिया

अजी, अब बोरियत भला कहाँ होती है
बिछड़े पुराने दोस्त भी इस फ़ोन के सहारे मिल जाते हैं
और घंटों उनके साथ गपशप में कैसे बीत जाते हैं; पता ही नहीं चलता
कोई नया दोस्त बना तो जान पहचान में मानो जैसे घड़ी का काँटा
तेज भागता मालूम जान पड़ता है
और उनसे बस आमने सामने मिलने का जी करता है

अजी, अब बोरियत भला कहाँ होती है
व्हाट्सऐप पे कभी अकेले में और कभी कभी ग्रूप पे बेइंतेहा टुन टुन
होती है
किसी पुराने दोस्त ने डी.पी. की तारीफ़ कर दी
तब एक ही मिनट में ही बीस दफ़ा झनझना जाता है फ़ोन

और फ़ेसबुक पे लाइक्स का सिलसिला शुरू हो जाता है

अजी, अब बोरियत भला कहाँ होती है
मन दुखी होता है तो किसी से भी विडीओ कॉल कर लिया
सामने वाला, दूसरे देश से भी ख़ुद के कमरे में जान पड़ता है
कभी साथ रो लिया, कभी साथ हँस लिया
यही तो फ़ायदा है इस छोटे मगर बड़े काम के मोबाइल फ़ोन का
ज़रूरत के समय भी साथ निभाते हैं फ़ोन
कभी कोई ज़रूरी सूचना या कोई बड़ी ख़ुशी
सबके साथ एक ही साथ बाँट सकते हैं

अजी, अब बोरियत भला कहाँ होती है
जब भी ख़ालीपन का एहसास हुआ
टीवी छोड़; प्राइम, नेटफ़्लिकस या हॉटस्टॉर खोल लिया
नया हो या पुराना हर भाषा में सिनेमा ही देख लिया
कभी एक कॉमडी फ़िल्म तो कभी थ्रिलर सिरीज़ ही निबटा डाला
वीकेंड्ज़ पे तो ये सब मनोरंजन के साधन ही हैं
ना कोई साथी ही चाहिए और ना ही विज्ञापन की कोई रूकावट
बड़ा ही भंडार है इसमें और सब्र भी नहीं करना होता
अगला एपिसोड ख़ुद ब ख़ुद चल पड़ता है
यदि रसोई में कुछ पकाना है, तो पॉज़ बटन दबा दिया,
पॉप्कॉर्न या दाल भात अच्छे से पका लिया
भले से जान पड़ते हैं ये सब ऐप्स

अजी, अब बोरियत भला कहाँ होती है
नए गेम और डान्स विडीओ ही देख लेते हैं
यू ट्यूब पे भी विशाल भंडार ही है

जिसका जो मन किया वो अपलोड कर देता है
लाइक्स और सब्स्क्राइब के लिए गुहार भी करता है
पसंदीदा चुन लो और घंटों तक देखते रहो

अजी, अब बोरियत कम ही होती है
बस स्क्रीन के अलावा भी लोगों से मिलने जुलने का मन करता है
टाइम पे जब कोई दोस्त ना पहुँचे तो उसे डाँटने का भी मन करता है
टीवी की सिरीज़ छोड़ ऑफ़िस के क़िस्से कहानियाँ सुनने का मन
होता है
और पड़ोस की मिश्रा आँटी और माँ की बातें छुपछुप सुनने का मन
होता है

अजी, अब बोरियत भी होती है
चार कोने के बीचोंबीच घुटन जान पड़ती है
तो वोही मोबाइल फ़ोन उठाओ
नम्बर घुमाओ
और दोस्तों के साथ सैर पे निकल जाओ
कभी लम्बी छुट्टी पड़े तो मोटरसाइकल, गाड़ी से बचपन का गाँव घूम
आओ
सड़क किनारे चाट पकोड़ी का चटकारा ही ले आओ
लम्बी वॉक पे शहर का पुस्तकालय (लाइब्रेरी) ही पहुँच जाओ

अजी, अब बोरियत भला कहाँ होती है
अपनी कहानी की क़िताब ज़रा पलटो, किताबें कभी साथ नहीं
छोड़तीं
सच्चे दोस्तों को घर दावत पे बुलाओ
सब काम छोड़के भोजन करने टपक पड़ेंगे

त्योहारों पे माँ-बाप से मिल आओ
और कभी कभार गली मोहल्ले के ग़रीब बच्चों को मिल आओ

यही कुछ पल होंठों पे मुस्कुराहट लाते हैं
वरना इस 9-6 की भाग दौड़ में हँसी कहीं गुम जाती है
टटोल कर तो देखो, ख़ुशियाँ मिल ही जाती हैं

अजी, अब बोरियत भला कहाँ होती है
बस एक शौक़ की और अच्छे दोस्त की ज़रूरत है
वक़्त यूँ चट से गुज़रेगा
अजी, अब बोरियत भला कहाँ होती है?
अजी, अब बोरियत भला कहाँ होती है?

16. कुछ उलझे से सवालों में

कुछ उलझे से सवालों में

कुछ उलझे अपने बालों में
मैं हूँ कहीं फँसी सी,

तेरे झूठे से ख़वाबों में
तेरे कच्चे कच्चे वादों में
मैं हूँ कहीं फँसी सी,

थोड़ी आदत से मजबूर
थोड़ी दिल से कमज़ोर
मैं हूँ कहीं फँसी सी,

कभी हिम्मत ना रहती
कभी क़दम ना बढ़ते
मैं थी बहुत कहीं फँसी सी
निकलना चाहा, मगर राह ना नज़र आई
साहस जुटा तो लगा, पीछे किसे छोड़ आई
मैं थी बहुत कहीं फँसी सी,

अब जो क़दम बढ़ ही चुके थे
अब जो रास्ता दिखने सा लगा था
चलो, शुक्र है, अकेली तो नहीं चली मैं,
एक साथी तो है, नन्हा और नटखट
बेफ़िक्र और बेबाक़
अपनी नन्ही उँगली से मेरा हाथ छुड़ाते और हरदम भागते
अब फँसना अच्छा है
और हँसना तो अभी बहुत बचा है
इस छोटे साथी के साथ गुज़रे साल सुनहेरे लगते हैं
और आने वाले अनेक साल कुछ अपने लगते हैं।

Grateful to Almighty for my child as a friend for life.

17. Time & Rebirth

Let me cry this one time
Like i never did
Like i never could
H'nt been feeling human for a while

The turbulence
The agony
The horror screams inside
Dont let me breathe

The memories
The heaviness
The frequent nightmares
Dont let me be at peace

I 'm choked
I 'm hurt
I 'm bruised
I 'm shattered worse than the glass

It Don't let me sleep
It don't let me care
It don't let me focus
It don't let me love

Something is breaking inside
Bit by bit
Flowin' around clawed in eagle's clasp
Mile by mile
Its worse than ever today
It 'll be worst tomorrow
I am drowing like the titanic
Being hit
You can't figure out the suffering like that iceberg

I can't fail
I can't beat
I can't pause
I can't discern
I have to move
I can't walk an inch
I can't dream
I can't respire

'Ls end the torment
'Ls finish the abuse
'Ls let me live

'Ls let me breathe
But pls Let me cry this one time
Just one time...

And then one day

Straight through the door, she walked at his face,
"Let go off me" were the last words she had said,
Would he knew then, the 'naive' girl could say this,

He always pretended love yet she wanted to be his;
Following nights, she woke up in middle of the night,
Whatever she did, lest couldn't lose his sight,
Memories followed the love, the passion, the fire,
Followed the pain, agony and the liar;
And time spent by the campfire;

Tossed & turned, full of rage,
She decided to turn a new page;

Ignited with leeway that she missed earlier,
Walked in boots lookin' preetier,
Nothing bleak or negative could stop her move,

Sang n danced on her favorite groove,
A year passed by as this on earth
& just that moment was her **Rebirth..**

18. Life without Internet

<u>**लाइफ विदआऊट इंटरनेट**</u>

बिना "इंटरनेट" के लाइफ कितनी "कूल" थी
90's में चूंकि हर किसी की अपनी टेलीफोन जो न थी

एक घर और एक लैंडलाइन का चलन होता था
कभी पडोसी भी उस पे अपना हक़ जमा दिया करते थे

महाभारत रामायण सब साथ देखा करते थे
और इंडिया क्रिकेट मैच पे एड्स पे भी नहीं हिला करते थे

इनकम टैक्स और रेलवे बजट के वक़्त
पिताजी और उनके दोस्तों की सभाएं लम्बी चला करती थीं
चाय पकोड़ों के साथ कभी खाना भी हो जाता था,

ऐन्टेना घुमा घुमा के
दूरदर्शन का रिसेप्शन सही करते थे
"अब आया?" जैसी आवाज़ें कोई अनजान नहीं,
और हर छत से आया करती थीं

नयी मंज़िल तक पहुंचने के लिए GPS नहीं
"भाईसाहब, ये ३६ नंबर मकान कहाँ पड़ेगा?"
बस ये पूछना काफी था.

अब न ऐन्टेना सही होता है,
न क्रिकेट के वक़्त मोहल्ला जमा होता है
घर हो या ऑफिस,
लोग मोबाइल फ़ोन पे ही स्कोर देख , सुन लेते हैं

न दोस्तों के साथ चाय, न Parle G बिस्कुट
अब तो स्माइली और इमोजी वाली बातें ही होती हैं

बजट के वक़्त, व्हाट्सप्प ग्रुप पे
चर्चा तो बहुत होती है
मगर साथ मिलके सरकार को
बुरा भला कहने की बात ही कुछ और होती थी

बुधवार शाम का चित्रहार
अब कोई साथ में नहीं देखता
यू- ट्यूब और हॉटस्टार जो सदा सबके हाथ में ही होता,

बिना "इंटरनेट" के लाइफ भी कितनी "कूल" क्यों लगती थी
स्कूल से आने के बाद,
टेलीफोन की घंटी भी सुकून सी मालूम पड़ती थी
अब मोबाइल फ़ोन की जो आदत है सबको

मगर ये ज़माने भी कुछ अच्छे हैं
दूर रहता हुआ परिवार भी साथ में ही दीखता है
वीडियो कॉल से हर त्यौहार थोड़ा ही सही,
पर पूरा ज़रूर लगता है|

(This is for those who Stay Away from Home, But Also
Have a Home away from Home)

19. Subah wali Date

Subah wali Date

Wo bhi kya din they
Jab hoti thi subah wali Date

Ghar ki chhat pe khade rehke
Saamne wali khidki se jhaankti chaar saal ki Seema
Usko door se dekh Ke muskurane wali date

Rassi se kapde utarti usha aunty
Aur unki papad achaar ki recipe
Wo subah wali date hi thi

School me chuddy buddy Ke sath baatein
Aur assembly me kuch doston ki tie baandhne wali date

School ke baad cycle pe khade rehke
Baraf fika aur Poppins wali date

Wo bhi kya din they

College me bus Ke peeche kuch ladkon K bhaagne wali
date
Aur valentine's day pe ek samosa chai K sath gappon
wali date

College bunk karke,
Subah subah hostel K bahar
Khade rehne wali date
Aur hath me gulab ka fool liye
Kuch shabdon ka rehearsal karne wali date

Wo subah wali Date
Wo subah wali Date
Waqt guzra aur kuch yun hoti ha ab subah wali date

Chai ke cup me kitni cheeni daalun wali date
Bachhon K tiffin taiyaar karne ki afra tafri wali date
Khud hadbadahat me jhumke bhi office Jake pehenne
wali date

Wo Subah wali date
Wo Subah wali date !!!

20. Teens to Queen

Got my report card in Parental meeting
I was in my teen thirteen
Scored the best, family was getting greeting
I was in my teen thirteen;

Learnt music, arts & dance
I was now fourteen
Couldn't perform any by chance
I was now fourteen;

Was too young for my first kiss
I was just fifteen
My friend too knew I was a miss
I was only fifteen;

I was riding bike my daddy gave me
I was sweet sixteen
The girl in pink tweaked for me
I was sweet sixteen;

He stayed close to my home
I was just seventeen
Wanted to go around in Rome
I was just seventeen;

Had my first beer out of college
I just turned eighteen
Thinking about job, had little knowledge
I just turned eighteen;

Walked out of home saying sweet byes
I was now nineteen
New and old bonds never dies
I was out of teen nineteen;

Out of my teens,
It was a normal Scene

Sipping my coffee, one fine day
Saw him across the field as a hope of ray;

It was not love at first sight
It was not for his height;

He sensed a coffee mug and not two

I wanted to talk yet could not do;

Two weeks gone, I saw him at dawn
He was ready to mow his lawn;

Care to talk, I left my home
Got the keys, thinking we would roam;

Deep he thought, I never could believe
Oh, he was single, what a relief;

Terrace became the cafe, the house became the bar
I imagined I never could go that far;

We met everyday morning to noon
Did I love him till the moon;

Daring, Different, Darling he became
Yet no likings we had as same;

Broke the rules, I Bent my knees
Not with the ring; promises I said would keep;

He sang for me the tales of love
All I could do was give him peck on cheek n a big hug;

With glitter and gold, we got together

The weekday boyfriend was now mine forever.

21. One Last Chai....

Last "One Last Chai"

Standing on the 4th cross roads, we usually met
Saw him driving same BMW 3, we both bought
Money was his, choice was mine
How does it matter, it was all super fine
Red or black, these two had the fight
Ending the argument, I lost the red velvet ride;

Years don't matter, when you in love
Nobody cares if it's pigeon or dove
The black beauty took us around
Butterflies hovered and the year clock turned five

It had begun when I was teaching law

He Owned a business and never had a flaw
The eyes met,
The connection got set,
The love sparkled
And the life swirled

Today, he seemed a different man
A name with desires and passion
Caring about the fashion
I got left by
Secluded and lonely
Though he'as around didn't feel homely

I chose to care
But anymore I couldn't bear
Walked past him, I held my breath
Asked for a good depth
Dared to say good bye
I said- will you have "one last chai"

Hopeful "One Last Chai"

Standing on the 4th cross roads, we usually met
Saw him driving same BMW 3, we both bought
Money was his, choice was mine

How does it matter, it was all super fine
Red or black, these two had the fight
Ending the argument, I lost the red velvet ride;

Years don't matter, when you in love
Nobody cares if it's pigeon or dove
The black beauty took us around
Butterflies hovered and the year clock turned five

It had begun when I was teaching law
He Owned a business and never had a flaw
The eyes met,
The connection got set,
The love sparkled
And the life swirled

Today, it was a day of hope
Of the records and the reports
A disease one in a million
I knew, He'd die for me any day in a trillion

All I wish is to die in his arms
Would make a lot of kisses n charms
I loved one thing he knew
How to make an outstanding chai
From heaven, would seek his "one last chai"

<u>**The Happy "One Last Chai"**</u>

Standing on the 4th cross roads, we usually met
Saw him driving same BMW 3, we both bought
Money was his, choice was mine
How does it matter, it was all super fine
Red or black, these two had the fight
Ending the argument, I lost the red velvet ride;

Years don't matter, when you in love
Nobody cares if it's pigeon or dove
The black beauty took us around
Butterflies hovered and the year clock turned five

It had begun when I was teaching law
He Owned a business and never had a flaw
The eyes met,
The connection got set,
The love sparkled
And the life swirled

Today, it was a different sunshine
He was going to be mine

I left by the city bus

He came in the black shine
Met at the main gates
That Mandir was jam packed
I was the authority
And I was the wife too

Now he would alot have to buy
And never let me cry
Together for seven births,
He has to always offer the morning chai
What if I please him,
And make him just "one last chai".

(Coffee lovers, like me, try one "chai" sometime)